ÉTUDES ALGÉRIENNES

LES RACES ET LES RELIGIONS

EN ALGÉRIE

PAR

A. MATHIEU

Prix : **0,50 cent.**
Se vend au profit
d'une œuvre charitable d'Algérie

LYON
IMPRIMERIE X. JEVAIN
Rue François-Dauphin, 18.

1894

A Mgr LAFUMA, Protonotaire apostolique, Vicaire général apostolique, Administrateur de la paroisse Saint-Esprit, à Oran.

MONSEIGNEUR,

Comme on ne peut faire progresser l'Algérie sans la bien connaître, la presse algérienne et métropolitaine, le Gouvernement général, les corps élus et les pouvoirs publics ont étudié de concert la législation et l'administration qui la régissent, en vue de réaliser les réformes jugées nécessaires au bien de la colonie.

Cette entreprise patriotique mérite toutes les sympathies mais, après les hommes voués par état à l'administration et à la politique, il est utile d'entendre un croyant, respectueux des droits de la conscience mais catholique convaincu, qui expose, au point de vue religieux, les besoins des différentes races qui habitent l'Algérie et, en particulier, ceux de ses co-religionnaires.

A défaut d'une personnalité plus autorisée, j'ai entrepris de traiter cette question vitale, estimant qu'elle devait être posée devant l'opinion publique et le législateur trop enclins à s'en désintéresser.

Vous avez bien voulu, Monseigneur, encourager mon travail et, avec Monseigneur Mage, me renseigner sur les besoins du culte catholique dans le diocèse d'Oran, c'est donc avec une profonde reconnaissance que je vous prie d'agréer l'hommage de l'œuvre modeste mais sincère que vous avez, en grande partie, inspirée.

A. MATHIEU.

Nancy, le 8 décembre 1893.

LA RELIGION ET LES RACES
EN ALGÉRIE

A Commission parlementaire chargée d'une enquête sur l'Algérie, a coordonné les éléments de son vaste travail et présenté deux rapports au Sénat; sans en entreprendre l'examen critique, nous regrettons qu'elle ait écarté, comme chose négligeable, tout ce qui se rapporte aux religions professées dans la colonie; il est difficile de légiférer pour un peuple aussi divers de races, de mœurs et de croyances en faisant abstraction de ces dernières, car elles déterminent ses habitudes, ses aspirations et sa valeur morale, elles influent à un haut degré sur la prospérité matérielle, les progrès de la colonisation et la fusion des races.

Ce double fait de la religion et des traditions de la race donne naissance à un ensemble de problèmes dont la solution s'impose; pour l'Algérie en particulier, il semble donc rationnel d'examiner les points suivants :

1º Quels obstacles oppose l'Islamisme à l'action civilisatrice de la France sur les indigènes? Que doit-on faire pour les diminuer.

2º Dans quelle mesure les Israélites indigènes et les étrangers européens sont-ils assimilables aux Français? Le catholicisme peut-il entraver cette assimilation?

3º Cette religion a-t-elle, dans la colonie, les ressources nécessaires pour assurer à ses adhérents le libre exercice de leur culte?

4º L'augmentation de ces ressources est-elle indifférente aux progrès de la colonisation?

Ayant habité plus de neuf ans et parcouru dans toutes ses parties l'Algérie occidentale, nous avons été conduit à étudier ces questions et les documents, imprimés ou manuscrits, ne nous ont point manqué ; nous exposerons donc, sincèrement et sans parti pris, les difficultés existantes, en proposant des solutions qui ne sauraient rebuter aucun esprit soucieux de la justice.

Les renseignements recueillis s'appliquent surtout au département d'Oran, mais les conclusions du travail auront une portée générale, car la situation varie peu d'un point à l'autre de la colonie.

Malgré leurs différences irréductibles, les trois religions qui se partagent l'Algérie : christianisme, judaïsme, islamisme, ont un fond commun dans les enseignements de la Bible et sont d'accord sur plusieurs notions primordiales; il importe de ne pas oublier cette communauté d'origine et, jusqu'à un certain point, de croyances dont nous retrouverons fréquemment la trace.

I. — Les races indigènes. — Mœurs et situation économique.

Les musulmans du département d'Oran forment les 0,78 de la population totale : 729.454 sur 939.113 habitants; ils se divisent en trois groupes : Kabyles, Arabes et Marocains; les deux premiers, soit ensemble 716.956 individus, comprennent des sujets de la France, le dernier, 12.498, des étrangers.

Kabyles. — La plupart des indigènes sont d'origine Kabyle ou Berbère, mais, mélangés depuis des siècles aux Arabes envahisseurs, ils en ont peu à peu adopté les idées et la manière de vivre.

Cette fusion a été puissamment aidée par la conquête et par l'administration françaises : par la conquête, car les Kabyles, requis de fournir leurs contingents à Abd el Kader et à tous les agitateurs qui proclamaient la guerre Sainte, ont lutté énergiquement contre nous sous le même drapeau que les Arabes; fixés au sol qu'ils cultivaient, tandis que les pasteurs arabes ont pu longtemps s'enfoncer dans le désert avec leurs troupeaux, ils ont attiré sur eux le principal effort de nos armes et provoqué d'impitoyables répressions; par l'administration française qui a détruit les restes de leur ancienne vie municipale pour les plier à l'organisation de leurs coreligionnaires et qui, maintenant encore, crée en pays indigène des écoles arabes-françaises sans se préoccuper de la langue kabyle, parlée par quelques vieillards mais inconnue à la nouvelle génération; comme conséquence, les indigènes musulmans, autrefois divisés, forment un ensemble obéissant à une seule et même influence, la religion.

Cette manière d'administrer est conforme aux tendances actuelles de notre nation. Séduits par des idées générales et souvent généreuses, nous avons la passion de l'égalité et même de l'uniformité qui implique le nivellement sous un pouvoir central pourvoyant à tout avec une armée de fonctionnaires; entre le gouvernement et l'individu, nous avons peine à admettre des groupes s'administrant librement, sous une loi commune réduite au minimum nécessaire pour sauvegarder l'ordre public, mais incapable d'entraver leur fonctionnement régulier; nous nous défions des pouvoirs intermédiaires simplement surveillés, protégés tant qu'ils respectent les droits individuels, et nous vouons à la liberté une sympathie plus affective qu'effective; à l'époque gauloise et au cours du moyen âge, nos ancêtres tombaient dans l'excès contraire mais, pour légitime qu'elle soit, la réaction a été trop forte, surtout depuis Rousseau et la Révolution française; heureusement nos âmes sont encore assez imprégnées de christianisme pour répugner à l'asservissement et, en refusant de se laisser absorber par l'Etat, l'Eglise lutte pour son indépendance et pour la nôtre.

Dans les tribus algériennes où dominait l'élément kabyle, il eut mieux valu tendre à berbériser la minorité arabe, restaurer le canon des coutumes primitives, la langue nationale et l'ancienne organisation municipale essentiellement démocratique, apprendre aux Kabyles l'histoire de leur race, autrefois chrétienne, libre et florissante, les attacher à la France par le respect de leurs traditions et creuser plutôt que combler le fossé qui les séparait des conquérants musulmans. Cette politique serait trop tardive chez les Berbères presque complètement arabisés, mais elle pourrait être suivie dans les grandes agglomérations kabyles et dans les petits groupes qui surnagent encore; il y aurait lieu de leur donner des caïds de leur race et de leur tribu, des écoles kabyles-françaises et de laisser vivre ou de rétablir leurs anciennes municipalités.

Ces îlots sont épars dans le département d'Oran, on les rencontre surtout dans les régions de Tlemcen (Beni Snouss, Beni Mester, etc.), de Nédroma, de Kalâa et dans la partie du Dahra qui avoisine le département d'Alger.

Leur organisation à demi berbère serait d'autant moins nuisible à la colonisation qu'en général, par suite de la nature du sol tantôt rocheux et boisé, tantôt sablonneux et pauvre, en raison aussi des habitudes agricoles de ces indigènes, l'élément européen ne peut s'étendre dans leur pays; les ouvriers kabyles, sauvegardés contre le far-niente arabe, laborieux, économes et voyant de moins en moins des ennemis dans les Français, deviendraient d'utiles auxiliaires pour nos colons et nos commerçants.

La grande Kabylie (départements d'Alger et de Constantine) a conservé les traits essentiels de son antique organisation; une intéressante monographie, publiée en 1885 par M. Vincent Darasse, donne à cet égard des renseignements résumés ci-après.

La famille kabyle forme une communauté dite Karoubba, qui comprend, non seulement le père et ses fils mineurs, mais les fils majeurs avec leurs femmes et leurs enfants; après la mort du père, l'un des fils lui succède à la tête du groupe familial; les enfants qui préfèrent s'éloigner, pour commercer au loin ou se fixer dans les villes, reçoivent en argent leur part d'héritage qui leur permet de s'établir; ceux qui reviennent périodiquement au siège de la famille versent une partie de leur gain à la communauté et disposent du surplus, mais restent sous la dépendance du chef; ce groupement patriarcal corrige la division excessive des propriétés qui résulte du partage égal dans les successions, il prévient ou apaise les désordres au sein des familles.

Le Kabyle, ouvrier rural, artisan ou commerçant, cherche sans cesse à accroître le domaine patrimonial et sait capitaliser en placements sûrs ceux des profits qu'il conserve à titre personnel.

Sa vie est simple, frugale et laborieuse.

La société dont il fait partie repose essentiellement sur une foi religieuse ardente, une loi morale basée sur le décalogue musulman, à peu près identique à celui des chrétiens, le respect de l'autorité paternelle et des coutumes de la race.

Le village kabyle est une réunion de Karoubbas, le plus souvent groupés en deux associations rivales ou Soffs.

L'émigration temporaire procure à ses populations un supplément de ressources, sans les soustraire au joug salutaire des mœurs nationales.

Un clergé plus fervent qu'éclairé assure la pratique du culte en commun.

Il n'y a point, à proprement parler, de nation Kabyle, car les villages sont indépendants les uns des autres et à peine unis par un faible lien quand ils appartiennent à une même tribu.

L'organisation communale a beaucoup de rapports avec celle du *mir* ou commune russe; dans chaque village, le gouvernement local (dchera) est exercé par l'assemblée (djemâa) qui se tient généralement le vendredi soir, elle comprend:

Un président (amin), jadis élu par la djemâa qui le prenait à tour de rôle dans chaque Karoubba, aujourd'hui choisi par l'autorité française;

Des adjoints (dahmans), qui comprenaient autrefois le chef ou le délégué de chaque Karoubba;

Un agent financier (oukil);

Des conseillers (euquals), nommés par chaque Karoubba en nombre proportionné à son importance;

La djemâa désigne un dahman comme secrétaire ou khodja, pour correspondre avec notre administration.

Au point de vue administratif, la djemâa jouit d'une grande liberté, elle se dirige d'après des règles (kanouns) fondées sur la coutume (eurfa); comme pouvoir judiciaire, elle prononçait jadis en dernier ressort et condamnait même à la mort par lapidation mais aujourd'hui ses jugements correctionnels sont soumis à l'appel devant l'autorité française et, en cas d'affaire grave, l'amin livre les coupables à notre justice ; ce système est vu d'un fort mauvais œil par les Kabyles qui réclament contre les lenteurs de la procédure, l'incarcération préventive des prisonniers, la partialité fréquente du jury européen contre les indigènes, d'autre part, la justice française est souvent impuissante, car accusés et témoins se retranchent dans un mutisme absolu ou font des déclarations suspectes.

Le djemâa réprime en outre, par des amendes, les infractions aux coutumes locales.

Les kabyles sont, à un haut degré, jaloux de leur indépendance, réfractaires à la centralisation européenne et à l'augmentation des taxes ; chez eux, le pouvoir des chefs de famille est d'autant plus développé que la vie municipale, soit pour eux la vie publique, est plus amoindrie.

Un administrateur français dirige les nombreux villages d'une commune mixte ; suivant qu'il est ou non prudent et équitable, ses administrés aiment ou détestent la France : musulmans convaincus, ils souffrent d'être soumis à des chrétiens mais ils s'y résignent pourvu que les maîtres étrangers respectent leurs coutumes et ne montrent ni vénalité, ni arrogance; l'esprit irréligieux les blesse profondément et les infidèles sans foi ni culte leur inspirent une méfiance hostile.

Arabes. — Les Arabes et les Kabyles arabisés sont surtout pasteurs et accessoirement agriculteurs; d'une manière générale, ils vivent pauvrement et paresseusement sous la tente, car le travail répugne à leur préjugé aristocratique de descendants d'une race conquérante et à leur préjugé fataliste de croyants qui craignent de tenter Dieu en cherchant à améliorer leur situation; rebelles à l'effort continu, routiniers, insouciants du lendemain, parfois énervés par des abus précoces, ils font travailler les femmes, garder les troupeaux par les enfants et ne mettent la main à l'œuvre qu'à la saison des labours; ils ont la famille patriarcale unie sous un chef obéi et respecté, mais le lien commun en est affaibli, chez les pauvres par les répudiations arbitraires, chez les riches par la polygamie, pratiques peu usitées chez les Kabyles; les Arabes aisés exercent une large hospitalité vis-à-vis des fonctionnaires dont ils cherchent à capter la bienveillance mais la plupart demeurent indifférents à la misère de leurs coreligionnaires, parfois même les plus riches sont les plus rapaces, ils font l'aumône aux khouans ou religieux nomades qui exploitent leur fanatisme mais s'astreignent beaucoup plus à des observances extérieures qu'au précepte de la charité fraternelle.

L'Arabe a l'intelligence ouverte, l'imagination vive, le souvenir indélébile des services et des injustices; il conçoit l'autorité comme une extension de la puissance paternelle et la respecte quand il y trouve la fermeté unie à l'équité; si elle est injuste, il se défend par la ruse, le mensonge et l'intrigue, mais il ne se révolte que poussé à bout et sous l'empire d'une excitation religieuse.

Il apprécie peu notre état social, si différent du sien; ses préjugés de croyant et son orgueil de race le rendent méfiant à l'égard d'une civilisation dont il connaît d'ailleurs les abus plus que les bienfaits.

L'établissement des Européens assure la paix aux Arabes, mais n'améliore pas leur condition; dans le Tell oranais où la colonisation s'est largement développée, ils n'ont plus pour nourrir leur bétail les immenses espaces embroussaillés où ils pratiquaient autrefois la vie pastorale, engagent imprudemment leurs propriétés à des usuriers avec l'intention de ne jamais rendre le capital emprunté et continuent à cultiver le peu qui leur reste avec des instruments et des méthodes tout à fait primitifs : comme résultats, leurs terres ne produisent que la moitié du rendement des champs européens et la constitution de la propriété individuelle aboutit rapidement à leur éviction; ils ne plantent pas de vignes, car elles demanderaient un travail trop assidu et trop compliqué pour eux, et d'ailleurs la loi musulmane leur interdit l'usage du vin; ils cherchent surtout à envoyer leur bétail, grand et petit, dans les forêts de l'Etat, à en cultiver temporairement les vides et ils s'y adonnent souvent à l'arrachis des souches et des racines pour en confectionner le charbon et l'écorce à tan, mais, à de rares exceptions près, ils sont réfractaires aux améliorations agricoles.

Depuis plusieurs années, ils étendent cependant leurs cultures pour compenser la diminution des ressources pastorales, sur quelques points deviennent bûcherons, parfois, mais plus rarement, ils s'engagent chez les colons comme charretiers ou comme ouvriers ruraux.

Sur les hauts plateaux, dont la colonisation occupe seulement une faible lisière, les Arabes trouvent leur ressource principale dans l'élevage du bétail, des ressources accessoires dans la cueillette de l'alfa et les transports à dos de chameaux, mais ils ne cultivent que peu ou point une terre très médiocre d'ailleurs, disposant de larges espaces où ils promènent tentes et troupeaux, endurcis par une existence pénible et forcément nomade sous un climat extrême, ils ont conservé la vie pastorale et l'indolente fierté de leurs ancêtres ; plus frustes et moins en contact avec notre civilisation que les Arabes du Tell, ils ont une vie moins précaire, ne connaissent pas les usuriers, et n'ont point encore greffé les vices des Européens sur ceux des indigènes.

Marocains. — Les Marocains qui affluent dans le département d'Oran sont des Berbères habitant le Riff, les montagnes des Beni Snassen, et, accessoirement le surplus du Maroc oriental.

Leur émigration s'effectue simultanément par mer et par terre: chaque année, ils viennent en grand nombre faire la moisson ou s'engager chez les entrepreneurs de travaux et ils regagnent le Maroc après avoir amassé quelque pécule; un quart environ restent en Algérie comme défricheurs, bûcherons ou charbonniers, ouvriers dans les champs, sur les routes et les voies ferrées; laborieux et sobres, ils rendent de grands services dans le département d'Oran, mais ils quittent rarement leur pays sans esprit de retour, et leurs femmes ne les accompagnent presque jamais.

Intelligents et actifs, ils savent apprécier la différence de régime entre le Maroc et l'Algérie : d'une part, l'anarchie et l'oppression produisant l'insécurité et la misère, de l'autre, la protection du travail et la justice pour tous, malheureusement ils sont éloignés de nous par la langue, par la religion et ne se fusionnent ni avec les Européens, ni avec les Arabes.

II. — Le Koran et les obstacles qu'il oppose à l'assimilation des indigènes.

L'Islamisme est en effet le grand obstacle à une demi-assimilation des indigènes ; examinons à ce point de vue les prescriptions koraniques en nous aidant d'un remarquable travail sur « les Réformes algériennes » que M. Germain Sabatier, avoué et maire à Tlemcen, a fait publier en 1891.

Le Koran est un code à la fois religieux, international, civil et pénal.

Il a fait des musulmans un seul peuple chez lequel la communauté de religion remplace celles d'origine et de nationalité.

Il a créé un ordre social immuable, car il s'appuie sur une

législation d'un caractère divin, promulguée une fois pour toutes; aucune autorité religieuse n'est instituée pour interpréter la loi, lier et délier les consciences.

Il n'admet pas la distinction posée par le christianisme entre le temporel et le spirituel et mêle en un bloc indivisible la religion, l'Etat et la famille, en conséquence toute modification à la loi du Koran est contraire à la Révélation faite par Dieu à son prophète Mohammed, les croyances musulmanes ont une portée universelle et un caractère irréductible.

On demande pourquoi les Arabes, sans abandonner leur religion, ne se font pas naturaliser Français, c'est parce que nos codes, bien qu'étrangers au dogme et respectueux de la liberté de conscience, légiférèrent sur l'organisation de la famille, la puissance paternelle, les droits de la femme et sur bien d'autres objets contrairement aux prescriptions du Koran : un indigène naturalisé est, pour ses co-religionnaires, une sorte de demi-renégat, alors même qu'il accomplirait tous les préceptes purement religieux de l'islamisme ou, pour mieux dire, tous les préceptes du Koran ont un caractère religieux ; la naturalisation implique donc une diminution d'orthodoxie, ou tout au moins, une tiédeur coupable qui a été flétrie par le Prophète; d'autre part, en renonçant à une partie des traditions de sa race, l'Arabe croirait manquer sinon à sa foi, du moins à ses ancêtres, et reconnaître publiquement la supériorité de la civilisation chrétienne; cette humilité n'est pas dans sa nature, et, pour être respectable, elle devrait résulter d'un changement de convictions : l'homme ne se courbe pas volontairement devant son semblable, mais devant Dieu.

Dans la famille arabe, avant l'Islam, l'inégalité était absolue et seul le père avait des droits ; maître unique du patrimoine, il en disposait à son gré ; il considérait comme un malheur d'avoir des filles et pouvait les faire enterrer vives à leur naissance ; la femme était surtout un butin de guerre.

Mohammed conserva l'ancienne organisation familiale en s'efforçant d'en relever le niveau : il condamna sévèrement l'infanticide et, d'autre part, rappela aux enfants que Dieu leur ordonnait d'aimer, d'honorer et d'assister leurs parents devenus vieux ; il admit l'infériorité naturelle et, par suite, l'infériorité légale de la femme, toujours subordonnée à l'autorité du père, puis du mari, mais il lui reconnut une demi-personnalité juridique et un droit au patrimoine de la famille; sensuel et insuffisamment affranchi des préjugés de sa race, il consacra les droits odieux de la contrainte paternelle en matière de mariage, de la répudiation arbitraire de la femme par le mari et, dans un verset ambigu que les commentateurs ont interprété dans son sens le plus immoral, il dispensa l'époux vis à vis de sa compagne, de toute réserve conforme à la loi naturelle ; l'épouse vécut, sans honneur et sans tendresse vraie, dans une famille où son maître pouvait introduire trois autres femmes, un nombre indéterminé de concubines et la sacrifier à une rivale dès que l'âge ou un caprice la feraient dédaigner ; la mère seule vit sa dignité quelque peu sauvegardée, mais elle n'obtint pas la tutelle légale de ses enfants orphelins.

Les conséquences économiques du Koran sont étrangères à l'objet de cette étude et il suffit de les rappeler succintement : le livre sacré organise la propriété collective en rendant très-difficile la constitution de la propriété privée ; il proscrit le prêt à intérêt, ce qui supprime le crédit, l'esprit d'épargne honnête et expose l'emprunteur musulman aux exigences usuraires d'un prêteur juif ou étranger, parfois même d'un Arabe peu scrupuleux ; il interdit le jeu et tout contrat aléatoire, mais porte atteinte à l'activité commerciale qui avait autrefois enrichi les Arabes : il restreint la liberté du commerce des céréales et des denrées alimentaires, la libre circulation du signe monétaire et des métaux précieux, atteignant ainsi l'échange et la production, le commerce et l'agriculture, sans prévenir ou même au risque d'aggraver les crises et les famines ; en résumé, il donne un caractère religieux aux vieilles erreurs économiques qui provoquaient l'intervention fréquente du législateur dans le libre jeu des transactions, et il fait de ces prohibitions non pas un expédient temporaire, mais une règle immuable.

Par la force des choses, l'application de ces lois économiques a fléchi pour les Berbères conquis à l'Islamisme ; chez les Arabes eux-mêmes, elle perd beaucoup de sa rigidité au contact de notre civilisation, mais elle pèse encore assez sur la société musulmane de l'Algérie pour entraver le relèvement et l'assimilation des indigènes.

D'après le Koran, l'abandon sans réserve à la volonté de Dieu (Islam) et la pureté de la foi constituent les vrais biens, aussi le croyant doit fuir les infidèles pour n'être pas tenté par leurs exemples, leur controverse et leur perversité ; Dieu réserve un supplice douloureux aux hypocrites qui cherchent chez eux leurs amis.

L'Infidèle est celui qui rejette la loi de Dieu transmise par Mohammed, il y en a de trois sortes : au dernier degré les idolâtres, plus haut les juifs, qui ont encouru la colère divine, plus haut encore, les chrétiens qui sont seulement des égarés. Les disciples du Livre (juifs et chrétiens), ont reçu une partie de la Révélation, mais ils ont le tort de ne pas l'accepter tout entière, de mal interpréter les Ecritures et surtout de méconnaître la mission du Prophète.

Il semble que Mohammed ait varié dans les sentiments que lui inspiraient les hommes du Livre, car le Koran leur applique des versets empreints de tolérance et d'autres qui formulent une condamnation rigoureuse.

« Juif, sabéen, chrétien, quiconque croira en Dieu et au jour
« dernier et qui aura fait le bien sera exempt de toute crainte et
« ne sera point affligé. »

« Tous ceux qui ont reçu les Ecritures ne se ressemblent pas.
« Il en est dont le cœur est droit : ils passent des nuits entières
« à réciter les enseignements de Dieu et à l'adorer, ils croient
« en Dieu et au jour dernier, ils ordonnent le bien et défendent
« le mal, ils courent vers les bonnes œuvres à l'envi les uns des
« autres, ils sont vertueux. » (Chap. III, v. 109 et 110).

« Tu reconnaîtras que ceux qui... sont le plus disposés à aimer
« les fidèles sont les hommes se disant chrétiens ; c'est parce
« qu'ils ont des prêtres et des moines et sont dépourvus d'or-
« gueil. » (Chap. V, v. 85).

Il y a dans ces versets comme un souvenir ému des monastères chrétiens du Sinaï où Mohammed avait reçu l'hospitalité au temps où il guidait les caravanes de l'Hedjaz.

D'autre part, le Koran s'exprime en ces termes :

« Quiconque désire un autre culte que la résignation à la
« volonté de Dieu (Islam) ne verra pas ce culte reçu de Dieu et
« sera, dans l'autre monde, du nombre des malheureux.

« Si les juifs et les chrétiens acceptent notre croyance, ils sont
« dans le chemin droit, s'ils s'en éloignent, ils font une scission
« avec nous, mais Dieu nous suffit : il entend et voit tout. »
(Chap. II, v. 131.)

« Infidèle est celui qui dit : Dieu, c'est le Messie, fils de Marie...
« Quiconque associe à Dieu d'autres dieux, Dieu lui interdira
« l'entrée du Jardin et sa demeure sera le feu ; les pervers n'au-
« ront plus de secours à attendre.

« Infidèle est celui qui dit : Dieu est un troisième de la Trinité,
« alors qu'il n'y a point de Dieu si ce n'est le Dieu unique. S'ils
« ne cessent pas..., certes, un châtiment douloureux atteindra
« les infidèles. » (Chap. II, v. 22.)

« Ceux qui mourront infidèles, sur ceux-là la malédiction de
« Dieu, des anges et de tous les hommes. » (Chap. II, v. 156.)

Les commentateurs essaient d'accorder ces textes opposés en

appliquant les premiers aux chrétiens et aux juifs qui ont ignoré la venue du Prophète et n'ont pu, dès lors, se convertir à l'Islam.

En résumé, un abîme sépare les musulmans des infidèles, mais, parmi ces derniers, les moins éloignés de la voie droite sont les chrétiens catholiques, les plus éloignés, ceux qui repoussent la révélation biblique et vivent dans l'idolâtrie ; on ne peut douter qu'*à fortiori* les hommes sans culte ne soient odieux aux croyants.

Quant aux rapports avec les infidèles, Mohammed défend à ses disciples de les prendre pour amis, patrons ou alliés, « à moins, » ajoute-t-il, « que vous n'ayez à craindre quelque chose « de leur côté. » (Chap. III, v. 27.)

Il dit, il est vrai : « Il se peut qu'un jour Dieu établisse entre « vous et vos ennemis la bienveillance réciproque ; Dieu peut « tout, il est indulgent et miséricordieux, » (Chap. LX, v. 7), mais ce principe comporte les restrictions suivantes :

« Dieu ne vous défend point d'être bons et équitables envers « ceux qui n'ont point combattu contre vous à cause de votre « religion et qui ne vous ont point bannis de vos foyers. Il aime « ceux qui agissent avec équité ;

« Mais il vous interdit toute liaison avec ceux qui vous ont « combattus pour cause de religion, qui vous ont chassés de vos « foyers ou qui ont aidé les autres à le faire ; ceux qui les pren- « draient pour alliés seraient des méchants. » (Chap. LX, v. 8 et 9.)

Il peut donc y avoir paix et amitié solides entre les musulmans et les peuples étrangers à leur foi, mais la soumission des croyants à un conquérant infidèle est précaire et basée sur la seule crainte.

« Dans le culte extérieur, cinq choses constituent l'Islam : la « prière, le jeûne, l'aumône, le pélerinage de la Mecque et la « guerre sainte ou, pour prendre le mot *djihad* dans son sens le « plus adouci, la propagande religieuse. » (Kasimirsky, introduction à la traduction du Koran.)

La tradition peint Mohammed comme un homme doux, humain, équitable et quelques passages du Koran ne démentent pas cette donnée.

« Point de contrainte en religion. La vraie route se distingue « assez de l'erreur. » (Chap. II, v. 57.)

« Combattez dans la voie de Dieu contre ceux qui vous feront « la guerre, mais ne commettez pas d'injustice en les attaquant « les premiers, car Dieu n'aime point les injustes. »

Cette note ne persiste pas ; comme nous l'avons déjà constaté, le soi-disant prophète des Arabes émet parfois des affirmations marquées au coin de la justice, de la sagesse, du respect de la loi naturelle ou même de la loi révélée, mais, au fond, sa croyance est fortement mélangée de politique : il évite de heurter les traditions, les préjugés, les passions de sa race et aime mieux les faire servir au succès de sa doctrine, dut-il leur sacrifier une part de la vérité telle qu'il l'a conçue ; quand il ne peut faire venir la montagne à lui, il va à la montagne ; disposant comme instrument de propagande d'un peuple fier et batailleur fractionné en tribus que désole l'anarchie, il n'insiste pas sur une tolérance qui éloignerait ses partisans et entraverait l'expansion de sa doctrine, il prêche la guerre sainte qui lui soumettra les âmes et le monde.

Le Koran est rempli d'exhortations à l'emploi de la force, le même homme qui a condamné la contrainte en matière de foi, la guerre offensive et prononcé des paroles de paix, presque de sympathie pour les chrétiens, s'exprime comme il suit :

« Les infidèles sont vos ennemis déclarés. » (Chap. IV, v. 102).

« O croyants, combattez les infidèles qui vous avoisinent,
« qu'ils trouvent toujours en vous un rude accueil; Dieu est avec
« ceux qui le craignent. » (Chap. IV, v. 102).

« Faites la guerre à ceux qui ne croient point en Dieu
« ni au jour dernier, qui ne regardent point comme défendu ce
« que Dieu et son Apôtre ont défendu, et à ceux d'entre les
« hommes des Ecritures qui ne professent pas la croyance de la
« Vérité! Faites-leur la guerre, jusqu'à ce qu'ils paient le tribut,
« tous sans exception et qu'ils soient humiliés. » (Chap. IX, v. 19).

« Lorsque vous rencontrerez des infidèles, eh bien! tuez-les
« au point d'en faire un grand carnage et serrez fort les entra-
« ves des captifs, ensuite vous les mettrez en liberté, moyen-
« nant rançon, lorsque la guerre aura cessé. Agissez ainsi. »
(Chap. XLVII, v. 4 et 5).

« *Combattez-les jusqu'à ce que vous n'ayez point à craindre*
« *la tentation, et que tout culte soit celui du Dieu unique.* S'ils
« mettent un terme à leurs actions, alors plus d'hostilité,
« si ce n'est contre les méchants. » (Chap. II, v. 189.)

« Tuez-les partout où vous les rencontrerez et *chassez-les*
« *d'où ils vous auront chassés* ». (Chap. II, v. 187).

« Ne montrez point de lâcheté et n'appelez pas les infidèles à
« la paix, quand vous êtes les plus forts, et que Dieu est avec
« vous. »

La victoire sur la terre, et une récompense spéciale dans le Paradis, sont promises aux croyants qui prendront part à la guerre sainte; l'établissement des infidèles en pays musulman, n'est point définitif, Dieu a fixé à leur puissance, un terme que les hommes ne sauraient reculer ni avancer.

Tel est le résumé des sentiments que l'Islamisme inspire à ses fidèles vis à vis des étrangers à leur culte, rien n'est plus opposé à une assimilation avec nous.

Les unions matrimoniales ne sauraient amener la fusion des musulmans avec d'autres peuples : le Koran les interdit absolument entre croyants et idolâtres, de même qu'entre les filles musulmanes et ceux qui ont reçu les Ecritures, il les permet seulement entre les croyants et les chrétiennes ou les juives ; Mohammed lui-même a mis cette tolérance en pratique, car une de ses femmes était juive, une autre chrétienne.

S'il est impossible aux Français de s'assimiler les indigènes musulmans de l'Algérie, doivent-ils renoncer à les rapprocher d'eux, en relevant leur condition matérielle et leur niveau moral ? Non certes, car la conquête a déjà fait cesser entre les tribus des guerres suivies d'assassinats, de viols et de pillages, elle a supprimé ou considérablement diminué l'oppression des faibles, la vénalité de la justice, l'arbitraire de l'administration, les expéditions militaires pour le recouvrement de l'impôt, les haines religieuses au service de toutes les rancunes et de toutes les cupidités, la vente des esclaves, le territoire laissé en friche, les famines et les exactions, nous voudrions pouvoir en dire autant du vol; les indigènes le savent et, malgré l'extension des terres européennes, leur meilleur état social se manifeste par un accroissement de population.

Le missionnaire catholique était considéré, jadis, comme l'agent le plus actif de la civilisation chrétienne et de l'influence française : au XVII° siècle, une intrépide poignée de soldats et de colons avait fondé notre empire canadien, mais le prosélytisme héroïque des jésuites, rayonnant bien au-delà des grands lacs, avait conquis pacifiquement d'immenses territoires et transformé de sauvages peuplades de chasseurs en chrétiens dévoués à la France; aujourd'hui encore, les écoles et les hôpitaux des religieux français maintiennent notre langue et notre influence dans l'Egypte et la Turquie d'Asie, mais, en Algérie, ce moyen de rapprochement est soigneusement écarté et l'on compte sur l'instituteur seul, pour nous concilier les populations indigènes. On a créé des écoles arabes-françaises dont profitent un certain nombre de jeunes Arabes, surtout dans les villes et le Parlement a voté des crédits qui les multiplieront dans une large proportion, mais leur action, pour utile qu'elle soit, demeurera cependant fort restreinte et il ne faudrait pas s'en exagérer la portée.

Quelques développements sont ici nécessaires.

Les indigènes apprécieraient notre instruction pour leurs fils, car elle les met à l'abri des intermédiaires israélites qui les exploitent et elle leur facilite la recherche d'un emploi, mais, à peu d'exceptions près, ils la craignent et préfèrent confier leurs enfants aux thobbas des douars : à défaut de l'instruction européenne, ceux-ci possèdent le Koran et peuvent l'enseigner aux enfants de la tribu, sans être soumis à la surveillance de l'autorité française, ce sont des orthodoxes et non des mécréants ou des croyants attiédis qui vivent à la solde de l'infidèle, d'ailleurs il importe beaucoup moins d'enseigner au jeune Arabe les sciences humaines que la Loi et ses devoirs.

L'instruction laïque est antipathique à la masse des indigènes et les moins rebelles au progrès préfèrent encore, pour instituteurs, des congréganistes catholiques, fait observé en Kabylie et dans tous les pays de l'Islam.

L'écolier arabe a une intelligence précoce et fait, au début, de r des progrès mais, comme le remarque M. G. Sabatier, « . rganisation de la famille arabe, l'infériorité de la femme, « l'extrême liberté du langage, le relâchement des mœurs, con-« séquence forcée de la polygamie et des répudiations arbitraires, « la conviction qu'a le gamin de douze ans qu'il est supérieur à « toute femme, même à sa mère, détruisent dans la conscience « du garçon toute notion de la moralité, aussi, dès que la crise « de puberté se produit, il s'adonne au plaisir avec une fougue « d'autant plus grande que, ni l'éducation, ni les exemples de sa « famille, ni le respect des convenances, ne viennent modérer « les exigences précoces des sens et l'ardente énergie de la « race. Dès ce moment, l'écolier modèle devient un paresseux, « il fuit l'école, il veut la vie libre. »

L'instruction est avantageuse aux jeunes indigènes, mais elle ne les rapproche pas sensiblement de nous : ils participent un peu plus à notre civilisation matérielle, mais vivent en étrangers dans notre état social ; les Arabes les plus mêlés en apparence à la vie européenne restent musulmans de cœur, alors même qu'ils ont abandonné tout d'abord les prescriptions du Koran pour vivre à la française et le zèle religieux de leur âge mûr rachète les entraînements de leur jeunesse ; ayant accepté de notre civilisation les jouissances mais non les devoirs, ils n'ont pour elle ni respect ni sympathie profonde, car elle manque, à leurs yeux, du sens religieux qui donne à la vie son vrai caractère et sa sanction immortelle. Cette règle souffre peu d'exceptions, elle s'applique non seulement aux indigènes qui ont reçu l'enseignement primaire, mais à ceux qui ont fréquenté nos lycées et nos grandes écoles, aux soldats et aux officiers qui ont servi sous le drapeau français; les rares assimilés sont trop souvent fidèles au culte de Bacchus, ils n'ont plus qu'à un faible degré les qualités de leur race et nous prennent beaucoup moins nos vertus que nos vices.

L'instruction développe l'intelligence, mais elle ne donne pas le ressort moral ni la règle de la vie; elle est nécessaire, mais insuffisante pour former, élever et rapprocher les hommes.

Pour les filles arabes, l'école restera longtemps une utopie et l'on peut même se demander si elle serait un bienfait, à moins que l'enseignement n'y fut restreint à des notions sommaires d'hygiène, au tissage des vêtements, à leur confection et aux soins du ménage. Cette assertion paraîtra monstrueuse, essayons cependant de la justifier en résumant et complétant les observations très sérieuses de M. G. Sabatier.

Le Koran, aggravé par les mœurs des indigènes, regarde la femme comme un être inférieur, frivole et faible qui est incapable de se diriger : elle dépend de son père, puis de son mari sans pouvoir jamais disposer d'elle-même; rigoureusement séquestrée, elle se voile devant tout homme qui n'est pas un proche parent et ne doit s'entretenir avec aucun infidèle, dès lors les musulmans les mieux disposés pour nous se disent : « A quoi lui servira la lan-
« gue des roumis si ce n'est à faciliter des entretiens défendus
« et dangereux? Le Koran suffit pour lui enseigner ses devoirs,
« tout ce qu'elle apprendra en plus n'aboutira qu'à la rendre in-
« quiète, mécontente de sa condition passive et pénible, tentée de
« mépriser sa foi et de se révolter contre le chef de famille; elle
« rendra la tente inhabitable et fera le malheur des siens. A quoi
« bon lui donner des ailes si elle ne peut et ne doit pas voler ? »

L'instruction de la femme arabe serait un dissolvant de la famille musulmane telle que l'a organisée la loi de Mohammed; le père ne consentira donc jamais à envoyer sa fille aux écoles arabes-françaises.

Chez les Kabyles, les mœurs ont conservé une certaine empreinte des traditions chrétiennes et elles atténuent les défauts de l'organisation familiale consacrée par le Koran : la femme, moins opprimée, a conservé un peu plus de dignité et d'influence; d'assez nombreux garçons et quelques jeunes filles fréquentent nos écoles, mais, dès que ces dernières ont dépassé le niveau de l'instruction primaire, elles sont exposées à ne trouver place ni dans la famille indigène dont elles ne veulent plus, ni dans la famille européenne où elles ne peuvent pas entrer, il leur est difficile de se créer un foyer honnête et heureux et les résultats obtenus ne sont pas encourageants.

Peu différent a été le sort des filles abandonnées pendant la famine de 1867 que l'illustre cardinal Lavigerie avait recueillies et fait élever ; sa généreuse intervention a sauvé celles qui ont épousé des orphelins arabes devenus chrétiens et groupés dans des villages spéciaux, mais les autres sont rentrées au douar pour y reprendre, avec l'Islamisme, une chaîne plus lourde ou sont restées sur le pavé des villes, délaissées par les indigènes et par les Européens, entraînées presque fatalement à la dégradation.

Ce n'est donc pas l'école qui transformera de longtemps les musulmans de l'Algérie ni la femme arabe qui pourra devenir l'éducatrice de son mari et de ses enfants.

III. — Réformes de nature à rapprocher les indigènes de la France.

Quelles améliorations pratiques comporte donc la situation actuelle ? M. G. Sabatier énumère les suivantes, avec la compétence d'un homme qui possède à fond la législation tant musulmane que française.

Réformes concernant la famille. — La femme est souvent mariée ou plutôt vendue sans être consultée, car le père et, en son absence le chef de famille, frère, oncle, cousin, dispose de sa personne et encaisse la plus grande partie de la dot ; deux témoins suffisent d'ailleurs pour prouver qu'un mandat à fin de mariage a été donné et que le mariage a été célébré. Quand le consentement de la femme est nécessaire, on devrait la faire comparaître en personne devant le cadi pour désigner son mandataire et la loi prononcerait la nullité de tout mariage dont la célébration ne serait pas constatée par un acte de ce magistrat.

On marie fréquemment des filles non nubiles ou des adolescents presque impubères. La loi fixerait à 14 ans pour la fille musulmane et à 16 ans pour le garçon l'âge requis pour la validité du mariage ; justification en serait faite par la production d'un acte de l'état civil ou, à son défaut, au moyen d'un acte de notoriété reçu par le cadi lui-même ; ce magistrat préviendrait les témoins des amendes qu'ils encourent dans le cas d'une déposition mensongère et l'acte mentionnerait cette déclaration.

Toute répudiation définitive serait constatée par un acte du cadi; la nécessité d'aller devant ce magistrat empêcherait un certain nombre de répudiations dues à un emportement irréfléchi et donnerait une garantie aux femmes.

Les actes de mariage et ceux de répudiation, ainsi que les jugements prononçant des divorces, seraient transcrits sur des registres spéciaux et traduits en marge par un interprète assermenté, le parquet enverrait une copie de la traduction à l'officier de l'état civil du domicile des intéressés.

Le cadi est tuteur des orphelins de sa circonscription; ne pouvant suffire à cette tâche, il la délègue le plus souvent à un proche parent des mineurs et décline ensuite toute surveillance et toute responsabilité; mais le *mokaddem* ou tuteur délégué agit à sa guise et généralement fait sienne la fortune de son pupille; la loi musulmane ne précise pas suffisamment ses attributions et l'âge où prend fin la minorité, la jurisprudence lui reconnaît des pouvoirs trop étendus, trop peu contrôlés et, sur la simple autorisation du cadi, il peut aliéner à l'amiable les biens du pupille. Il serait bon qu'un texte de loi vînt préciser les droits du tuteur, fixer l'âge de la majorité et déterminer les formes de la reddition du compte de tutelle.

Le habbous était, dans l'origine, une donation pieuse en faveur d'une œuvre charitable et elle entraînait la dépossession immédiate du propriétaire au profit de l'œuvre, mais les successeurs de Mohammed autorisèrent les fondateurs à désigner des dévolutaires intermédiaires et le habbous devint, pour le propriétaire musulman, un moyen fréquent de soustraire ses biens à la dévolution successorale, d'enlever tous droits à sa parenté féminine et de maintenir ce qu'il possédait dans sa descendance mâle. La suppression radicale de toute constitution de habbous ou, au moins, de tout intermédiaire rétablirait la sincérité du droit musulman et elle assurerait aux femmes la jouissance de leur part héréditaire.

Ces réformes secondaires seraient acceptées sans résistance, elles préviendraient un bon nombre d'injustices, de spoliations et de haines au sein des familles, mais elles ne devraient entraîner que des frais minimes.

Réformes économiques et judiciaires. — M. G. Sabatier indique, avec la même compétence et la même réserve, les modifications que réclament les lois sur la propriété et sur l'organisation de la justice; nous ne le suivrons pas sur ce terrain étranger à la présente étude, mais son travail témoigne d'une connaissance approfondie de la situation, des remèdes qu'elle comporte et la commission sénatoriale y puisera de précieux renseignements.

Réformes diverses. — Le judicieux écrivain que nous avons cité propose des réformes de détail qui ont leur mérite, mais il laisse de côté une partie de la question arabe dont nous devons nous préoccuper.

Les indigènes musulmans sont très attachés à leurs croyances religieuses, il semble donc que, pour les élever à un niveau supérieur, on pourrait s'appuyer sur les principes qui nous sont communs avec eux, mais dont ils ne tirent pas toutes les conséquences : fraternité des hommes issus d'un même père, nécessité et honorabilité du travail voulu par Dieu pour réaliser un échange de services entre tous les membres de la grande famille humaine, immortalité et responsabilité de l'âme, sanction future du bien et du mal qu'on aura fait en cette vie; ils accepteront peut-être un enseignement s'inspirant de ces données, jamais celui qui les écartera.

Il ne faudrait pas craindre de leur apprendre l'histoire de leur race, car elle montre que, si les empires se fondent par la conquête, ils ne se maintiennent pas sans le travail, l'observation de la loi morale, le respect de la dignité humaine, l'effort constant pour améliorer les individus et réaliser la justice dans les sociétés ; le récit de leurs luttes et de leurs souffrances pendant les siècles qui ont vu la conquête les inclinerait à la tolérance, le spectacle des abus et de l'anarchie qui sévissaient pendant la période turque leur ferait mieux apprécier les bienfaits d'un pouvoir droit, énergique et soucieux de leurs intérêts.

Pour rendre la démonstration plus complète, l'autorité supérieure punirait sévèrement les agents administratifs coupables de malversations ou d'exactions.

Tout en partageant les grandes tribus en douars-communes, elle s'appliquerait à choisir comme chefs de ces fractions réduites des indigènes membres de la djemâa (réunion des notables) ou, quand le douar est profondément divisé entre deux soffs rivaux, un membre d'une djemâa voisine, à les contrôler plus sérieusement qu'aujourd'hui, mais à ne pas les révoquer sans une enquête dans laquelle ils seraient entendus par le sous-préfet.

Elle n'accepterait plus, pour caïds ou présidents de douars-communes, des indigènes sans racines et sans considération dans la région, anciens chaouchs des administrateurs des communes mixtes, devant leur nomination bien moins à leur mérite personnel ou aux services rendus qu'à l'obséquiosité, à l'intrigue ou parfois même à des moyens moins avouables, petits fonctionnaires dociles mais peu sûrs, souvent besogneux et cupides, trop tentés de vivre en trompant l'administration et en volant leurs administrés. Les caïds ainsi recrutés ne remplissent en rien l'office d'un pouvoir secondaire groupant autour de lui les populations ; ils ne représentent, et encore fort mal, que l'autorité administrative, sont dénués d'influence et incapables de contrebalancer l'action des Khouans nomades qui minent sourdement notre autorité.

Il serait urgent de défendre l'Arabe, ignorant et imprévoyant, contre l'usure éhontée qui le ruine et l'exaspère ; comme il ne peut se passer d'emprunter, vu ses faibles ressources à l'époque des semailles, il y aurait à organiser, sous le contrôle sérieux de l'Etat et des djemâas responsables, des caisses de prêt mutuel et des silos de réserve.

Il faudrait enfin assurer aux indigènes une justice plus rapide et moins coûteuse par la réduction des frais, des formalités et des délais qui compliquent les instances.

A la demande des parties ou du ministère public, le juge déférerait le serment devant la tombe des marabouts, seul mode d'affirmation qui fasse habituellement reculer les Arabes devant un parjure ; le marabout ou patron de chaque tribu est un personnage qui a laissé un renom de sainteté, souvent aussi l'ancêtre qui a conquis ou occupé pacifiquement le territoire ; son tombeau, placé dans une koubba ou chapelle, est entouré de vénération, il devient un lieu de pélerinage et le centre d'une fête annuelle.

Les malfaiteurs, qui sont nombreux et le plus souvent impunis, seraient activement poursuivis et réprimés ; comme la misère les pousse habituellement au vol, l'administration, renseignée par les caïds et les répartiteurs des contributions, tiendrait au courant une liste des indigents de chaque douar et, dans les périodes difficiles, leur distribuerait des grains en échange de travaux d'utilité publique.

Les amendes prononcées par les tribunaux correctionnels ou par les administrateurs de communes mixtes en application des arrêtés sur l'indigénat seraient transformées, sur la demande des condamnés, en travaux à la tâche approuvés par le préfet et dont il serait justifié ; ce système, employé pour la répression des délits forestiers, a produit de très bons effets, car il tient compte de la pauvreté des indigènes et les habitue à surmonter leur paresse en trouvant dans le travail un moyen de libération. Nous avons souvent constaté qu'ils exécutaient avec plus de bonne volonté et d'entrain les travaux profitables au douar dont ils faisaient partie : amélioration ou création de chemins qui leur servent, ouverture de lignes séparant les forêts des parcours communaux, défrichement de portions labourables sur le terrain communal, etc; mal nourris et mal outillés, ils sont peu aptes à fournir des journées pleines et s'accommodent beaucoup mieux d'une tâche déterminée.

Des communaux de culture inaliénables seraient constitués dans tous les douars arabes où faire se pourrait et partagés périodiquement entre les familles, en proportion du nombre de leurs membres, moyennant une prestation annuelle acquittée, au choix des communiers, en argent ou en travail ; cette réserve garantirait aux indigènes quelques terres arables en dehors des propriétés individuelles dont ils sont bientôt chassés par l'imprévoyance et l'usure.

On encouragerait les Arabes à se construire des maisons ou gourbis en pierres pour les fixer au sol, leur rendre possible l'emploi d'instruments moins primitifs et diminuer les causes de dégradations dues à la promiscuité de la tente; dans ce but, il conviendrait de réduire, pendant dix ans, l'impôt sur toute habitation nouvellement bâtie et de diminuer aussi l'achour (impôt territorial) sur les terres indigènes cultivées avec la charrue européenne.

Les djemâas seraient appelées à donner leur avis sur les projets de réforme constituant une innovation légale et non plus seulement une meilleure application des lois et des pratiques administratives en vigueur.

Toutes ces modifications accomplies d'une manière prudente et progressive seraient, croyons-nous, bien vues des indigènes car elles ne porteraient aucune atteinte aux prescriptions du Koran; elles tendraient à leur procurer plus de sécurité et de bien-être, à élever leur niveau moral et leur condition matérielle, à leur faire produire davantage et, comme conséquence, à provoquer entre eux et nous un échange plus actif de services.

Il faut, en effet, connaître bien peu l'Algérie pour croire que les colons sont les oppresseurs et les ennemis des Arabes ou qu'il existe une opposition d'intérêts entre les deux races : ce n'est pas le colon mais l'homme d'affaires véreux qui exploite l'indigène besogneux et insouciant; le propriétaire et le travailleur rural sont, à de rares exceptions près, intelligents et laborieux, honnêtes et équitables; ils seraient heureux d'utiliser plus largement la main-d'œuvre indigène et la rétribueraient avec loyauté, mais comment employer des gens qui ne veulent pas ou ne savent pas travailler, comment ne pas s'inquiéter du voisinage d'une population que la paresse réduit à la misère ?

Qu'on l'aide donc à secouer sa torpeur, à se relever progressivement, à acquérir le bien-être en se conformant de plus en plus à la loi du travail, nul n'y applaudira de plus grand cœur que les colons algériens car ce relèvement servira leurs intérêts tout en répondant à leurs sentiments généreux.

IV. — Les Israélites indigènes.

Dans quelle mesure les Israélites indigènes peuvent-ils s'assimiler aux Français d'Algérie ?

Dans le département d'Oran, ils sont au nombre de 19.781.

Pendant la guerre franco-allemande, M. Crémieux, chef de l'Alliance israélite, a profité de son passage au gouvernement de la défense nationale pour naturaliser en bloc tous ses co-religionnaires d'Algérie (décret du 24 octobre 1870).

En admettant leur émancipation en principe, il eut été sage, dans l'intérêt même de ceux qu'on voulait relever, de la rendre progressive, d'abaisser les barrières qui les séparaient de nous et, après un stage plus ou moins long, de faciliter la naturalisation individuelle à tous ceux qui s'en seraient montrés dignes ; mais un décret collectif, lancé comme une bombe, n'avait pas la puissance d'improviser de vrais Français, acceptés comme tels par leurs concitoyens et s'élevant d'un bond à la hauteur de leur nouveau rôle ; pour employer une comparaison qui ne saurait blesser les émancipés, autant valait faire une promotion de généraux parmi les chefs de la magistrature ou de magistrats dans l'état-major de notre armée.

Il n'y a donc rien d'étonnant à ce que l'acte du dictateur provisoire ait mécontenté les colons, exaspéré les indigènes et occasionné de cruels déboires aux israélites algériens, assimilés qu'ils étaient aux Français par la loi mais non par les mœurs, discutés et mal vus par leurs nouveaux frères en nationalité.

Les musulmans d'Algérie en ont été profondément humiliés et irrités : le Youdi dont ils ne peuvent se passer, est réputé par eux intrigant, obséquieux et cupide, les services incontestables qu'il leur rend sont largement compensés par l'usure et ils ont frémi en voyant cette race détestée prendre rang parmi les vainqueurs ; de là, la grande insurrection d'El Mokhrani en 1871 et, depuis cette époque, un sourd ressentiment que les agitateurs religieux exploitent contre la domination française.

Cet acte, impolitique et révolutionnaire à son début, est acquis aujourd'hui ; la plupart des Israélites ont fait effort pour se plier à nos mœurs et à notre civilisation, ils parlent notre langue, ont servi dans notre armée et se sont de plus en plus mêlés à notre vie ; il y aurait donc une souveraine injustice à leur enlever, après vingt-trois ans, le bénéfice de la naturalisation.

Malgré tout, ils n'ont point encore été acceptés comme de vrais Français par la masse de la population européenne qui leur reproche la vénalité électorale et la pratique de l'usure : ces agissements devraient être poursuivis et entraîner une privation au moins temporaire du droit électoral, aussi bien pour les Français d'origine que pour les Israélites naturalisés ; une loi rédigée dans ce sens et sans acception de race moraliserait le suffrage universel, elle relèverait en outre devant l'opinion les Israélites honnêtes, en les séparant de ceux qui leur infligent un mauvais renom.

Le Juif algérien est intelligent, tenace et patient ; familier avec la loi française et les subtilités de la chicane en même temps qu'avec la langue et les mœurs des indigènes, il est presque forcément un intermédiaire entre Arabes et Européens.

A peine sortis de l'école primaire ou du lycée, ses fils s'adonnent au commerce et les plus instruits entrent comme interprètes dans les justices de paix ou, comme clercs, dans des études d'officiers ministériels : avoués, notaires, huissiers, se contentant d'appointements minimes grossis d'une remise sur les affaires qu'ils procurent, ils acquièrent bientôt des connaissances théoriques et pratiques qui en font des agents d'affaires habiles et déliés mais peu scrupuleux ; leur capital, médiocre au début, ne tarde pas à s'accroître, et, grâce à leurs avances aux indigènes ou même aux petits colons européens, ils finissent par les tenir à leur discrétion ; beaucoup deviennent grands propriétaires de terrains et de maisons, mais, comme ils n'exploitent pas par eux-mêmes, leurs terres, partout disséminées, produisent très peu sous la charrue de pauvres Khammès arabes, et leurs lots européens ne nourrissent que des fermiers espagnols ; ils s'enrichissent, mais ne transforment guère le sol et leur agrandissement territorial retarde sa mise en valeur, car les bénéfices réalisés servent à étendre beaucoup moins les cultures agricoles que les placements à gros intérêts.

En vertu d'une loi naturelle, les races qui n'ont eu, pendant des siècles, ni protection, ni sécurité, s'adonnent presque exclusivement au commerce et au maniement de l'argent, ne savent pas cultiver la terre, ont soif de l'or et, presque inconsciemment, punissent ainsi leurs oppresseurs ; en Algérie, la race juive présente ces caractères, elle les aggrave en outre par un orgueil qui lui fait mépriser toutes les autres, par une loi morale qui, malgré son élévation, méconnaît, vis-à-vis des étrangers, la fraternité et les devoirs qui en découlent ; pour la juger, on doit tenir compte des circonstances atténuantes, mais il faut se précautionner contre son état d'esprit.

L'émancipation tend à le rectifier, surtout chez la femme juive : en raison de son sexe et de ses occupations, elle est moins étrangère aux sentiments généreux que son père ou son mari ; plus libre et plus respectée que la femme arabe, mais tenue cependant dans une sujétion assez étroite, elle aspire souvent à une vie moins passive et elle envie parfois le sort de la femme chrétienne ; dans la classe riche, plus d'une épouserait volontiers un Français et même un catholique pratiquant, de préférence à un libre-penseur, si elle ne répugnait à abandonner sa religion, moins encore par répulsion contre le christianisme que par égard pour les siens et comme signe d'attachement à une race longtemps opprimée. Presque toutes suivent nos écoles, et plusieurs semblent même rechercher les institutions des congréganistes. Ces derniers établissements en seraient remplis si l'admission des Israélites était moins antipathique aux familles européennes qui y envoient leurs filles.

Les hommes sont plus réfractaires : ils s'assimilent progressivement les dehors de notre civilisation, mais la plupart restent claquemurés dans leur âpre convoitise de la richesse et leur horizon étroit de race d'élite dispensée de tout devoir envers le reste de l'humanité ; cet exclusivisme tient en partie à leur isolement au milieu de la société algérienne.

Un petit nombre n'ont plus du judaïsme que l'étiquette et ne pratiquent aucune croyance, mais les rancunes de leur race ont survécu à la perte de leur foi, ils sont avides d'instruction, mais plus encore de domination et de jouissance, rien ne leur répugne d'ailleurs pour parvenir, car leur égoïsme n'est plus contrebalancé par la préoccupation d'une vie future.

D'autres, plus nombreux, demeurent fidèles à leur culte, mais se rapprocheraient volontiers de la morale chrétienne et de la grande famille française, s'ils n'étaient aussi dédaigneusement tenus à l'écart ; cet ostracisme est trop rigoureux, les chrétiens surtout devraient s'inspirer à leur égard de la parole évangélique : « Paix aux hommes de bonne volonté. »

V. — Les Européens de nationalités étrangères.

Le département d'Oran contient 110.567 étrangers européens dont environ 0,94 espagnols, 0,04 italiens et 0,02 de nationalités diverses.

Les *Espagnols*, presque tous originaires du Sud et du Sud-Ouest de la Péninsule (Andalousie, Murcie, partie méridionale de l'ancien royaume de Valence), sont l'appoint le plus important de la colonisation européenne dans l'Algérie occidentale.

Bien des causes favorisent leur immigration : voisinage de l'Algérie, analogie des climats et surtout conditions économiques du sud de l'Espagne où, la propriété étant peu divisée, l'industrie médiocrement développée, les salaires minimes et la natalité considérable, la classe des ouvriers ruraux est nombreuse, pauvre, sobre et résistante; elle fournit à la colonisation d'honnêtes et laborieux pionniers auxquels se joint malheureusement, mais dans une faible proportion, le rebut des villes du littoral : gens aussi dépourvus de moralité que de ressources, parfois même anarchistes ou condamnés de droit commun.

Les Espagnols ont été longtemps les seuls glaneurs d'alfa et, maintenant encore, ils s'occupent presque exclusivement de sa manipulation, de l'extraction du chêne kermès pour fabriquer l'écorce à tan, de l'exploitation des minerais, du défrichement préparatoire au labour des terres ; ils fournissent la main-d'œuvre principale pour la coupe et le débit des bois et monopolisent à peu près l'industrie des transports sur charrettes; dans les villes du littoral, ils se livrent à la pêche maritime, à la fabrication du crin végétal, à la culture maraîchère et ils exercent tous les métiers ; ils ont largement contribué à mettre en valeur le département d'Oran et ils y cultivent la plus grande partie des terres européennes comme fermiers ou petits propriétaires.

Cette population fière, susceptible, peu instruite, mais sobre, énergique et travailleuse, a conservé l'amour du pays natal tout en s'attachant au sol algérien qu'elle a contribué puissamment à féconder; ses sentiments pour l'Espagne sont analogues à ceux des Canadiens pour la France.

Les émigrants se font très rarement naturaliser, mais leurs fils accomplissent, presque tous, leur service militaire en Algérie, ce qui implique la naturalisation d'après une loi récente ; ils n'épousent pas de Françaises, mais, assez fréquemment, leurs filles épousent nos nationaux; sans être encore francisée, la jeune génération est bien plus algérienne qu'espagnole.

Les Espagnols sont catholiques, mais plus attachés au culte qu'à la morale de leur religion ; les femmes y mêlent souvent des superstitions, tandis que la plupart des hommes négligent de pratiquer leur foi, tous, cependant la respectent et tiennent à mourir en chrétiens ; beaucoup sont froissés de l'indifférence religieuse des Français d'Algérie et ce sentiment n'est pas sans faire obstacle à leur complète assimilation.

A part quelques familles fixées dans l'intérieur et occupées principalement à l'industrie des constructions, les *Italiens* du département d'Oran sont presque tous originaires de l'ancien royaume de Naples, surtout des îles d'Ischia et de Procida ; ils exercent la pêche maritime et forment des agglomérations de quelque importance à Oran, Arzeu, Mers el Kébir.

Travailleurs honnêtes et de ressources médiocres, ils sont très attachés au catholicisme ; ils ne se déplacent pas comme les Espagnols, ont un caractère plus liant et acceptent facilement la naturalisation qui, d'après une loi récente, est nécessaire à l'exercice de la pêche maritime dans les eaux françaises.

Ils se marient entre eux et s'allient très rarement aux Français dont ils ne se rapprochent par aucune parité de travail.

Espagnols et Italiens d'origine parlent leur langue maternelle, mais leurs jeunes enfants apprennent le français ; beaucoup de ces derniers n'ont cependant qu'une teinture légère de notre langue, car ils cessent de fréquenter l'école quand ils peuvent suivre leurs parents dans les champs ou sur la mer.

Cette situation oblige le clergé catholique à les catéchiser en espagnol ou en italien quand il les prépare à la première communion ; ce fait a été signalé à la commission sénatoriale comme un abus criant, mais il nous paraît difficile à des enquêteurs sérieux de retenir cet étrange grief : le prêtre double son travail quand il donne l'instruction religieuse en deux langues, il ne le fait donc pas dans son intérêt, mais parce que, voulant être compris de ses auditeurs, il ne peut s'adresser en français à des enfants qui ne savent pas ou qui savent très imparfaitement cette langue : ses explications nécessitent l'emploi de notions et de termes qui n'ont que peu ou point de rapports avec ceux de l'enseignement primaire ; enfin les instituteurs ne voulant et même ne pouvant pas faire apprendre le cathéchisme à leurs élèves, cette tâche incombe aux parents qui ne sauraient la remplir avec le texte français : ils tiennent, d'ailleurs, à ce que leurs enfants soient instruits de la religion et, s'ils leur voyaient imposer un texte et des explications dans une langue inintelligible, leur vif mécontentement les mettrait aux antipodes de l'assimilation.

Les Allemands l'ont compris en Alsace-Lorraine et, malgré leur hâte de germaniser le pays annexé, ils laissent donner l'instruction religieuse en français aux enfants des communes de langue française; à défaut de libéralisme, le bon sens leur impose cette manière d'agir.

Bien qu'en nombre assez restreint, les *Allemands* sont plus répandus dans le département d'Oran que les Européens d'autres nationalités, Espagnols et Italiens mis à part.

Leur groupe principal, composé d'émigrants de communes rurales, s'est établi, bien avant 1870, au village de la Stidia, situé près de la mer entre Mostaganem et Arzeu; la plupart sont des fermiers ou des propriétaires laborieux mais trop souvent adonnés à la boisson; ils ne se sont pas mélangés à la population française, et l'unification de l'Allemagne a plutôt augmenté que diminué leur attachement à la nationalité germanique; presque tous sont catholiques.

Les Allemands non groupés sont plus assimilables : quelques-uns sont gérants ou fermiers de domaines ruraux, d'autres exercent à Oran le commerce ou des professions libérales, plusieurs de ces derniers sont issus de réfugiés badois obligés de quitter leur pays après la campagne contre-révolutionnaire de l'armée prussienne en 1849.

Des soldats de la légion étrangère, quelques-uns Allemands, la plupart Alsaciens-Lorrains, se font naturaliser Français et, faute de débouchés plus sortables, cherchent des emplois chez les commerçants ou dans la police municipale des villes, mais très peu restent en Algérie : isolés au milieu de populations méridionales dont les mœurs et les habitudes diffèrent beaucoup de celles de leur pays natal, ils finissent presque tous par regagner Paris ou la frontière française du Nord-Est.

Les soldats originaires de l'Alsace-Lorraine pourraient fournir un meilleur appoint à la colonisation mais, pour en fixer un certain nombre en Algérie, il faudrait les utiliser, pendant leur temps de service, comme bûcherons ou planteurs militaires, les mettre pendant les travaux des champs à la disposition des colons et, après libération, leur créer des centres spéciaux dans la région montagneuse et boisée qui s'étend à la limite du Tell et des hauts plateaux; deux points nous sembleraient plus particulièrement convenir à cette installation dans le département d'Oran : Ghar-Rouban, sur la frontière marocaine et El Ghor, à 16 kilomètres est de Sebdou; on augmenterait les chances de réussite de ces nouveaux centres en y faisant effectuer les défrichements par des concessionnaires espagnols admis à jouir du terrain pendant quatre ans, en y réservant un cinquième des lots gratuits à des cultivateurs mariés et pères de famille et en y confiant le service du culte à des prêtres Alsaciens-Lorrains.

Citons enfin, pour mémoire, un petit nombre d'étrangers de nationalités diverses; la plupart sont des *Anglais* qui habitent Oran comme associés ou représentants de grandes maisons industrielles ou commerciales exportant l'écorce à tan, l'alfa, les minerais, important la houille et les produits manufacturés de leur pays d'origine; ce groupe restreint, formé d'individualités honorables, contribue efficacement à la prospérité de la colonie, mais il ne présente aucune chance d'assimilation.

VI. — Le catholicisme en Algérie; insuffisance de ses ressources.

Le catholicisme est moins antipathique aux musulmans de l'Algérie que les autres cultes et, *à fortiori*, que la négation religieuse; parmi les étrangers fixés dans la colonie, les 0,99 appartiennent à cette religion, beaucoup d'entre eux ne la pratiquent pas habituellement mais ils ne la rejettent pas pour leurs femmes, pour leurs jeunes enfants et ils tiennent à pouvoir s'en rapprocher à certains moments de leur vie; il en est de même pour la majorité des Français bien qu'ils présentent une plus forte proportion d'indifférents; il serait donc non seulement injuste mais impolitique de refuser aux catholiques algériens les moyens d'exercer librement leur culte, c'est cependant ce qui a lieu.

Le gouvernement de la colonie n'est pas responsable de cette situation qui résulte des votes du Parlement : la loi de finances de 1880 a interdit en effet de créer de nouveaux titres de desservants et de vicaires et, depuis treize ans, elle n'a subi aucune atténuation.

On comprend jusqu'à un certain point son application à la Métropole : les paroisses y sont depuis longtemps établies, pourvues de prêtres et, sauf dans les grandes villes, ce n'est malheureusement pas l'accroissement marqué de la population qui y motiverait une augmentation des titres ecclésiastiques. Mais l'Algérie est dans des conditions toutes différentes : la population européenne y a notablement progressé depuis 1880, de nouveaux centres ont surgi, d'anciens hameaux trop faibles pour comporter un desservant sont devenus des villages populeux, les distances qui séparent les centres sont souvent trop grandes pour qu'un seul prêtre puisse suffire aux besoins religieux de plusieurs d'entre eux, il en résulte que de nombreuses populations catholiques ne peuvent pas pratiquer leur culte.

Le département d'Oran, qui forme un diocèse, est partagé en territoire civil et territoire militaire administrés respectivement, sous l'autorité du Gouverneur général, par le Préfet et le Général commandant la division.

Le premier comprend 5 arrondissements, 78 communes de plein exercice ayant, comme en France, un maire et un conseil municipal élus et 18 communes mixtes, beaucoup plus étendues; ces dernières, gérées par un administrateur, englobent quelques centres européens non encore érigés en communes distinctes, mais pourvues d'adjoints spéciaux et une nombreuse population indigène répartie en douars-communes; le second comprend quatre cercles et trois annexes, commandés par des officiers supérieurs ou des capitaines, ce territoire forme trois communes mixtes et deux communes indigènes.

D'après le recensement de 1891, qui a fourni les chiffres précités, on compte :

En territoire civil, 187.221 Européens (3.551.087 hectares);

En territoire militaire, 2.757 Européens (8.002.029 hectares);

Le clergé catholique chargé d'administrer les paroisses comprend : en territoire civil, 78 curés ou desservants, 13 vicaires et 14 prêtres auxiliaires, soit au total 105 prêtres ou un pour 1.783 Européens.

Dans le territoire militaire, il n'existe aucun prêtre pour s'occuper des Européens groupés autour des garnisons ou disséminés dans la région de l'alfa.

L'armée y dispose d'un seul aumônier, ecclésiastique sexagénaire affecté au poste de Méchéria et pourvu d'un titre plutôt personnel que local; les nombreux soldats répartis entre le Kreider, El Aricha, Aïn ben Khélil, Géryville, Aflou et divers postes détachés vivent et meurent sans pouvoir recourir à aucun ministre de leur culte; à tous les degrés de la hiérarchie militaire, il en est qui souffrent de cet abandon et, pratiquants ou non, la plupart de leurs camarades le déploreront; les indigènes le constatent avec un étonnement très peu sympathique et jugent sévèrement un peuple qui ternit ses brillantes qualités en affectant d'ignorer Dieu.

On ne trouve l'équivalent de cette situation dans aucun autre pays étranger, quelle qu'y soit la religion de la majorité des citoyens et celle des chefs du gouvernement; partout ailleurs les pouvoirs publics considèrent le soldat comme ayant une âme et les droits de la libre conscience comme autre chose qu'un vain mot.

Pour ne parler que des grandes nations séparées de l'Eglise romaine, les armées anglaise et allemande ont, même en temps de paix, leurs aumôniers tant catholiques que protestants, et l'on ne voit pas que leur bravoure ou leur discipline en souffre ; l'armée russe est profondément imprégnée de l'esprit chrétien, elle prie et, pendant la guerre russo-turque de 1877, ses plus illustres généraux, les Skobeleff, les Gourko, les Dragomirov, lançaient leurs troupes à l'assaut en leur parlant de Dieu et de la vie future, ils savaient que le véritable facteur de la guerre, c'est l'homme doué d'une énergie morale pouvant s'exalter jusqu'au sacrifice et que les fortes croyances sont encore le meilleur moyen de lui faire braver la mort.

Dans une étude anonyme, un éminent officier français a donné de l'armée russe et de ses chefs en 1888, un tableau d'une vie très intense, nous en extrayons les lignes suivantes qui peignent admirablement l'influence du sentiment religieux sur le soldat russe et le ressort qu'il y trouve devant l'ennemi.

« Lorsque, le soir venu, le paysan russe quitte son champ et
« revient au village, ses yeux fixent au loin, émergeant du fond
« de la plaine silencieuse, le clocher vert de l'église encore
« baigné de quelques rayons attardés. Tout ce qu'il aime, tout ce
« qu'il vénère se presse autour de ce clocher : l'izba où il est né
« et où s'élève sa famille, le cimetière où reposent les vieux qu'il
« a remplacés dans le mir, le cimetière planté d'arbres, avec ses
« croix blanches et ses inscriptions qui donnent à penser.

« Au-dessus de tout cela, au sommet du clocher, se détache la
« croix, la croix posée sur le globe du monde, signe sacré et
« immuable qui couvrait le village lorsqu'il est né et qui l'abri-
« tera encore au moment de sa mort ; ce soir-là elle domine,
« comme toujours, l'immensité imposante qui se noie déjà dans
« les brumes de la nuit ; il l'a toujours vue ainsi, guidant sa
« rentrée au village.

« Qu'il parte, cet homme, qu'il vienne à quitter ce coin de terre
« qui est son monde à lui, il emporte au plus profond de son
« souvenir la vision de l'humble croix plantée sur le clocher
« natal. Quelle douceur dans son cœur, cette vision bénie, un jour
« viendra où il lui fera appel.

« Le voilà soldat, c'est-à-dire investi de la plus sublime mission
« réservée à un homme, celle de donner à tout instant sa vie
« pour le pays ; élevé pour les paisibles occupations et les calmes
« pensées, il est arrivé à l'heure de se transformer en héros,
« soit qu'il doive courir à la mort, soit qu'il vienne de recevoir
« le coup mortel, alors il la retrouve, la croix ; elle se dresse à

« ses yeux éblouis, non plus modeste comme au village, mais
« transfigurée, pointant haut vers le ciel dont elle montre le
« chemin, planant illuminée déjà des clartés éternelles, nimbée
« et rayonnante comme un labarum.»

Le tableau ci-joint permet d'apprécier l'insuffisance numérique
du clergé dans le département d'Oran.

Villages non pourvus de prêtres	Nomb. d'Europ. (1)			Village où réside le desservant	Distance de la paroisse à l'annexe	Nombre des prêtres affectés à la paroisse	OBSERVATIONS
	français	étrangers	Total				
Er Rahel......	337	450	787	Hammam bou Hadjar	kilomètres 12	1 desservant	(1) Les chiffres produits ne comprennent pas la population militaire, non plus que les Israélites et les musulmans.
Rio Salado....	349	881	1230	Chabat el Leham	6	id.	
Tassin.........	350	1453	1803	Lamtar	11	id.	
Ténira........	252	241	493	Chanzy	23	id.	
Sidi Khaled...	276	392	668	Bou Kanefis	6	id.	
Baudens.......	110	48	158	Mercier-Lacombe	10	id.	
Oued Imbert.. Lauriers roses	259	391	650	Les Trembles	14	id.	
Tamzoura..... Arbal.........	218	269	487	Valmy	26 et 18	id.	
Maoussa	172	41	213	Palikao	8	id.	
Fortassa......	197	60	257		35		
Aïn Farès.....	141	28	169	Mascara	15	1 curé 1 vicaire	
Thiersville.... Froha.........	386	95	481	Taria	16 et 20	1 desservant	
Franchetti.... Charrier......	168	233	401		16,5 à 11,5		
Nazereg	45	386	431		4,5		
Aïn el Hadjar.	363	537	976		12		
Kreider........	80	32	170		81		Garnison non comprise.
Mecheria.....	208	96	304	Saïda	179	1 curé 1 vicaire	Id. Un aumônier militaire pourra en d'un titre personnel s'occuper de la population civile sans avoir le titre de desservant.
Aïn Sefra.....	170	200	370		282		Garnison non comprise.
Géryville.....	174	330	504		167		Id.
Aflou.........	30	1	31	»	»	»	Garnison non comprise; localité ne dépendant d'aucune paroisse.
El Aricha.....	30	24	54	»	»	»	Id. Id. Id.
Mellakou.....	248	22	270	Tiaret	21	1 curé	
Prenda........	75	164	239		54		Garnison non comprise.
Pélissier...... Vallée des Jardins...	256	82	338	Tounin	6	1 desservant	
Port aux Poules La Macta......	123	423	546	Saint-Leu	8	id.	

Ce tableau est incomplet, car il ne tient pas compte des localités où le clergé est numériquement insuffisant, ainsi :

A Oran, la paroisse du Saint-Esprit a un curé et deux vicaires pour 11.000 Français et 22.000 étrangers (32.000), celle de Saint-André, un curé et un vicaire pour 5.000 Français et 8.000 étrangers (13.000), l'hôpital civil est desservi par un prêtre de bonne volonté qui ne reçoit aucun traitement. A Sidi Bel Abbès, un curé et un vicaire sont affectés à 7.000 Français et 13.000 étrangers (20.000), à Mostaganem, un curé et un vicaire à 3.041 Français et 3.056 étrangers (6.097), à Massara, un curé et un vicaire à 4.997 Français et 2.000 étrangers (7.237), Perrégaux, présente un curé pour 1.318 Français et 2.366 étrangers (3.684), et Tiaret (la ville seule), un curé pour 1.195 Français et 1.039 étrangers (2.234).

Ces villes, sauf Perrégaux, ont en outre des garnisons dont l'effectif n'est pas compris dans celui de la population.

On dira qu'un très grand nombre de Français et d'Espagnols, nés dans le catholicisme, ne tiennent nullement à le pratiquer et n'ont que faire du prêtre; deux faits sont cependant incontestables :

1° Dans les villes d'une certaine importance, le clergé ne peut suffire à l'administration des sacrements, aux cérémonies funéraires et à l'instruction religieuse des enfants; ces divers actes de son ministère lui sont cependant demandés par des croyants qui sont en même temps des citoyens, ils constituent donc un service d'utilité publique auquel il doit être pourvu d'après les lois existantes;

2° Dans les campagnes, de nombreuses familles de colons ont recours au clergé pour bénir leurs mariages, baptiser les enfants, les catéchiser, visiter les malades, enterrer les morts et se plaignent de la gêne énorme qu'elles éprouvent à accomplir ces actes religieux; plusieurs villages demandent avec instance qu'il soit pourvu à ce besoin par l'installation de desservants, d'autres encore le demanderaient si les pétitions antérieures n'avaient été écartées par des fins de non-recevoir.

Quelques centres trop éloignés des chefs-lieux de paroisses pour pouvoir être effectivement desservis, ont des prêtres auxiliaires dotés d'une indemnité minime, il en est ainsi pour plusieurs annexes d'Aïn Temouchent situées respectivement à 14, 15 et 34 kilomètres de cette ville: Aïn Kial et Guyard (795 Européens dont 640 Français), Arlal et Sidi Laho (523 Européens dont 333 Français), Beni Saf (2.652 Européens dont 418 Français; de même pour Montagnac (458 Européens dont 458 Français) qui dépend de Hennaya (10 kilomètres) et pour Le Télagh (1.199 Européens dont 500 Français) qui dépend de Daya (9 kilomètres).

Puisqu'un ministre du culte est reconnu nécessaire dans ces localités, il conviendrait de lui donner le titre de desservant correspondant aux fonctions qu'il remplit, car les prêtres auxiliaires, comme l'indique leur nom, ne doivent pas être immobilisés dans un village mais sont appelés à assister temporairement leurs confrères sur les divers points où leur aide est demandée.

D'autres prêtres auxiliaires font office de vicaires dans des paroisses où le clergé local serait constamment surchargé, il conviendrait aussi de les titulariser.

Presque tous les nouveaux centres sont pourvus d'une modeste chapelle catholique, mais il n'y a aucun prêtre pour la desservir et le plus simple mobilier religieux y fait défaut; cette chapelle est une annexe de l'école; si le desservant doit y accomplir un acte de son ministère, il s'en acquitte le dimanche ou, en semaine, hors des heures de classe, après avoir demandé la clef à l'instituteur.

Quelquefois, mais rarement, il essuie un refus; témoin le fait suivant dont nous pouvons garantir l'authenticité : dans un petit village éloigné de la paroisse, le prêtre est un jour appelé par deux familles de colons pour administrer un baptême et bénir un mariage; l'instituteur lui refuse la clef de la chapelle en alléguant, probablement à tort, des ordres supérieurs, en sorte que la cantine remplace la chapelle fermée; les cérémonies du culte y sont célébrées sur le comptoir en présence des consommateurs ; ceux-ci, sans distinction de catholiques de nom ou de fait, de juifs et de musulmans, gardent une attitude correcte et s'indignent de voir leurs concitoyens réduits à accomplir, dans une salle de débit, les actes solennels de leur religion; on peut se demander comment des citoyens des Etats-Unis accepteraient de pareils procédés.

La situation est identique dans les deux autres départements algériens et, sur une grande partie du territoire, les catholiques ne sont pas à même d'exercer leur culte.

VII. — Le catholicisme et la colonisation algérienne.

L'insuffisance des secours religieux est-elle, du moins, indifférente aux progrès de la colonisation? Pour répondre à cette question, nous ne saurions mieux faire que de laisser la parole aux habitants de Charrier et de Franchetti qui, en 1892, ont adressé à M. le Sénateur d'Oran la pétition suivante :

« Monsieur le Sénateur,

« Les soussignés, habitants de Franchetti et de Charrier, départe-
« tement d'Oran, ont l'honneur de vous exposer la triste situation
« qui leur est faite depuis la création de ces centres.
« Appelés en Algérie pour peupler les nouveaux villages, nous
« devions espérer, ou plutôt nous devions compter, y trouver ce
« qui est indispensable à la satisfaction de nos besoins intellec-
« tuels et moraux et ne pas y être exposés à vivre et à mourir
« dans une condition pire que celle des Arabes.
« C'est pourtant ce qui nous attendait à Franchetti et à Char-
« rier où, abandonnés à nous-mêmes, nous vivons sans prêtre et
« par conséquent sans secours religieux, sans culte, où nous
« voyons nos enfants grandir sans religion ; cette pensée nous
« fait trembler pour leur avenir et nous fait regretter d'avoir
« quitté la mère-patrie dans laquelle, à côté d'un pain gagné
« peut-être plus péniblement, nous avions au moins la possibilité
« de donner une réelle éducation morale à nos enfants.
« Vous avez compris nos tristesses et nos besoins et, grâce à
« vous, Monsieur le Sénateur, nous avons vu s'élever l'église de
« Franchetti. C'est un premier acheminement à la réalisation
« de nos plus chères espérances, mais les dépenses faites seront-
« elles inutiles ? Car enfin, une église sans curé, à qui sert-elle ?
« Eloignés de vingt-cinq kilomètres de Saïda et à seize de Taria,
« pouvons-nous et devons-nous compter raisonnablement sur les
« curés de ces localités ? Le service que peuvent faire ces Mes-
« sieurs, s'il n'est pas absolument impossible, est tout au moins
« insuffisant et illusoire. La nomination d'un prêtre desservant
« Franchetti et Charrier, en résidence habituelle dans le premier
« de ces centres, s'impose au plus tôt et nous venons, Monsieur
« le Sénateur, vous demander de prendre en main notre cause et
« la défendre auprès du gouvernement. On ne peut laisser sans
« prêtre une population comptant près de huit cents habitants,
« alors que bien des centres, moins peuplés, n'ont rien à envier
« sous ce rapport.
« Qu'on ne vienne pas nous objecter qu'une loi s'oppose à la
« création de titres ecclésiastiques nouveaux. Si cette loi existe,
« ou il ne faut pas créer de nouveaux postes et de nouveaux
« centres, ou il faut les doter de tout ce qui est nécessaire à leurs
« besoins intellectuels et moraux.
« Nous comprendrions une pareille mesure pour la France où

« tout est établi et créé depuis de longs siècles, mais elle n'a pas
« sa raison d'être et ne peut être applicable à un pays où chaque
« année voit surgir de nouveaux centres et accourir une nouvelle
« population ayant droit, comme sa devancière et au même titre,
« aux mêmes avantages puisqu'elle a les mêmes obligations et
« supporte les mêmes charges.

« On se plaint que l'émigration française se porte vers d'autres
« rivages; ce que l'on sait, dans la mère-patrie, de notre abandon
« au point de vue religieux et moral n'y contribue pas peu;
« soyez persuadé, Monsieur le Sénateur, que si, lorsqu'une famille
« demande une concession, on lui disait ce qui l'attend ici, com-
« bien plus grand serait le nombre de ceux qui iraient chercher
« ailleurs le pain de leurs enfants!

« C'est déjà un fait d'expérience car plusieurs, et des meilleurs,
« ont quitté l'Algérie pour ce motif et sont rentrés en France où
« ils ont fait connaître cet état déplorable, ou sont allés dans le
« Nouveau-Monde, dans l'espérance d'y trouver la satisfaction de
« leurs légitimes désirs.

« Dans l'intérêt même de la colonisation nous venons, Monsieur
« le Sénateur, vous demander de plaider notre cause; nous osons
« espérer que vous porterez, s'il y a nécessité, nos doléances à la
« tribune et nous ne doutons pas que votre haute influence, en
« faisant comprendre la justice de nos revendications, ne leur
« obtienne satisfaction.

« Daignez agréer, Monsieur le Sénateur, avec l'hommage de
« notre gratitude, l'expression de notre très respectueuse consi-
« dération. »

Suivent 97 signatures légalisées à Franchetti, le 10 mars 1892, par l'adjoint spécial de cette localité.

Les pétitionnaires demandent pour eux, leurs femmes et leurs enfants, un ministre du culte catholique, en faisant valoir, non seulement leurs convenances et leur droit personnel, qui seraient déjà très respectables, mais l'intérêt même de la colonisation.

Bien des familles rurales hésitent, en effet, à quitter la Métropole pour l'Algérie, où elles savent ne pas trouver les secours religieux dont elles sentent le besoin; d'autres viennent dans la colonie avec l'intention de s'y fixer, mais l'impossibilité de pratiquer leur culte dans les nouveaux centres les provoque à repartir; un plus grand nombre perdent, en Algérie, leurs habitudes religieuses de France, mais cet abandon ne les rend pas plus sobres, plus économes, plus laborieuses et plus satisfaites; au contraire, l'affaiblissement du ressort moral suit de près celui des croyances;

les familles désagrégées par la fréquentation des cantines et par d'autres désordres deviennent moins unies, moins fécondes et moins travailleuses; les enfants grandissent avec une notion fort incomplète de leurs devoirs, et perdent le respect de leurs parents; plus tard, ils cèdent à tous les entraînements de la vie, sont abattus par la moindre épreuve, et, trop souvent, grossissent l'armée des paresseux, des jouisseurs et des déclassés.

On s'étonne qu'un aussi grand nombre de Français partent, chaque année, pour les Etats-Unis, le Canada ou la République Argentine, quand ils ont à leur porte cette belle terre d'Algérie, prolongement de la Métropole, où ils trouveraient, avec la langue et les institutions du pays natal, un travail assuré et l'aide de leurs concitoyens : c'est que beaucoup pensent au clocher de leur village, et craignent de rencontrer, sur une terre française, l'indifférence ou le mépris pour tous les sentiments que ce souvenir réveille en eux; on ne froisse pas impunément les consciences et l'appel aux seuls intérêts matériels ne suffit pas à déterminer un grand mouvement de colonisation.

La France algérienne en aurait cependant besoin pour ne pas voir notre race noyée dans une population sans cesse croissante d'étrangers et d'indigènes; si l'on veut assurer sa prépondérance, il faut encourager toutes les bonnes volontés, accepter tous les concours, et ce serait faire œuvre anti-patriotique que d'écarter les catholiques français de l'Algérie, en les y traitant comme des parias au point de vue du culte.

Que demandent-ils, en somme? Les ressources nécessaires au libre exercice de leur religion car, pour eux, la possibilité de pratiquer est inséparable de la liberté de croire et on leur doit l'une et l'autre; leurs concitoyens peuvent, à leur gré, suivre d'autres cultes ou n'en professer aucun et l'on ne voit pas de quel droit eux seuls, comme dans la Rome païenne, verraient leurs convictions religieuses privées de la protection légale; en supprimant les religions d'Etat, les gouvernements modernes n'ont pas, que nous sachions, décrété l'anti-christianisme, ils l'auraient fait, d'ailleurs, avec plus de préjudice pour eux-mêmes que pour le culte mis hors la loi.

Mais, dira-t-on, si l'on augmente les dépenses du culte catholique en Algérie, on grèvera un budget alimenté par tous les citoyens, dont un grand nombre n'ont aucun intérêt à subventionner une religion dont ils se passent.

A ce compte, l'immense majorité des Français pourraient se refuser à laisser subventionner les théâtres dont ils ne profitent pas; les condamnés protesteraient contre leur part d'impôts qui assure le service de la justice; les indifférents et les mauvais citoyens diraient qu'ils aiment mieux voir la France sans armée que de fournir à cette dernière leur argent, leur sang et celui de leurs fils; les mécontents demanderaient pourquoi ils sont tenus de payer des pouvoirs publics, qui administrent sans eux et parfois contre eux; il n'y aurait pas un article du budget qui ne soulevât les réclamations d'un groupe de citoyens déclarant qu'il correspond à une dépense inutile ou abusive.

L'objection ne porte donc pas : en réalité, l'impôt prélevé sur les catholiques sert, pour une part, à entretenir non seulement leurs prêtres, mais les pasteurs, rabins et muftis; la satisfaction à donner aux besoins religieux est d'intérêt public au même titre que la défense nationale, l'administration de la justice et le gouvernement civil du pays, car la société présente autre chose qu'une réunion d'intérêts matériels et ses membres ont aussi des besoins intellectuels, moraux, religieux, dont le pouvoir doit tenir compte, puisqu'il est institué pour l'utilité commune; au surplus, il importe à tous qu'aucun citoyen ne soit entravé quand il cherche à honorer Dieu et à pratiquer sa loi, car les fruits de sa croyance ne sont pas moins sacrés que les fruits de son travail et ils profitent à la société non moins qu'à lui-même.

Qu'il nous soit donc permis, en terminant, de reproduire ces réflexions empruntées à un précédent travail :

« L'homme ne vit pas seulement de pain : le travailleur qui a
« peiné sur le métier, sur la friche ou sur la glèbe, le colon qui
« a vendu son blé, son bétail et son vin ont besoin d'élever de
« temps à autre leur âme vers l'au-delà, de s'incliner devant
« Dieu, leur père commun, d'observer sa loi, de se rappeler leur
« dignité, leurs devoirs et leur responsabilité.

« Le Canada, conquis il y a cent trente ans par l'étranger, s'est
« admirablement développé en restant fidèle à la pratique de
« l'ancienne foi et au souvenir de l'ancienne patrie; l'Algérie
« française ne grandirait pas si elle écartait, avec méfiance et
« dédain, les croyances qui contribuent le plus à former des
« générations fortes, honnêtes et libres. »

A. MATHIEU.

Lyon. — Imp. X. Jevain, r. François Dauphin, 18.

www.ingramcontent.com/pod-product-compliance
Lightning Source LLC
Chambersburg PA
CBHW062012070426
42451CB00008BA/653